Redaktion und Layout: Daniela Layer
und Sylvia Tress

Postfach 10 03 25, 73703 Esslingen
www.esslinger-verlag.de

ISBN 978-3-480-22593-4

Herbstvergnügen

… von Erntedank bis zum Laternenfest

esslinger

DER FRÜHLING IST ZWAR SCHÖN,
DOCH WENN DER HERBST NICHT WÄR,
WÄR ZWAR DAS AUGE SATT,
ABER DER MAGEN LEER.

Friedrich von Logau (1604-1655)

Herbstlied

Jetzt regnet es sich langsam ein,
und immer kürzer wird der Tag
und immer seltener wird der Sonnenschein.
Ich sah am Waldrand gestern ein paar Rosen stehn.
Gib mir die Hand und komm – wir wollen sie uns
pflücken gehn.
Es werden wohl die letzten sein.

Cäsar Flaischlen (1864-1920)

Herbstspaziergang

Was gibt es Schöneres, als in der Herbstzeit durch Weinberge zu wandern? An den Reben hängen die reifen Trauben und die Hänge erstrahlen in warmem Rot und kräftigem Grün. Der Wind lässt die Weinblätter rascheln, ansonsten ist man von Stille umgeben.
Ein idealer Ort, um den Gedanken freien Lauf zu lassen: Sich an all das Schöne zu erinnern, was dieses Jahr mit sich gebracht hat und sich auf das zu besinnen, was man sich bis zum Jahresende noch vorgenommen hat.
Leichtfüßig und erholt steigt man nach dem Spaziergang die Weinberge hinab. Und womöglich besucht man beim Rückweg noch ein gemütliches Weinfest und genießt ein Glas neuen Wein oder frischen Traubensaft.

DIE BLÄTTER FALLEN, FALLEN WIE VON WEIT,
ALS WELKTEN IN DEN HIMMELN FERNE GÄRTEN.

Rainer Maria Rilke (1875-1926)

UND SIND DIE BLUMEN ABGEBLÜHT,
SO BRECHT DER ÄPFEL GOLDNE BÄLLE!
HIN IST DIE ZEIT DER SCHWÄRMEREI,
NUN SCHÄTZT ENDLICH DAS REELLE!

Theodor Storm (1817-1888)

Almabtrieb

Trifft man in der Zeit von September bis Mitte Oktober in den Bergen auf eine bunt geschmückte Kuh, dann handelt es sich keinesfalls um eine Sinnestäuschung.
In dieser Zeit, wenn die Wiesen der Bergweiden dem Vieh keine Nahrung mehr bieten und sich die ersten Kälteeinbrüche ankündigen, findet im Alpenraum der sogenannte Almabtrieb statt: Das Vieh wird von den Bergweiden ins Tal geführt, um dort in den Ställen der Bauernhöfe den Winter zu verbringen.
Nach einem guten, erfolgreichen Almsommer werden die Herden vor dem Abtrieb mit Alpenrosen, Silberdisteln und Seidenblumen geschmückt. Traditionell führt die Kranzkuh mit besonders aufwändigem Kopfschmuck die Herde an. Heimgekehrt wird im Tal das Ende des Almsommers gefeiert und man spielt zum Tanz auf.

Verklärter Herbst

Gewaltig endet so das Jahr
mit goldnem Wein und Frucht der Gärten.
Rund schweigen Wälder wunderbar
und sind des Einsamen Gefährten.

Da sagt der Landmann: Es ist gut.
Ihr Abendglocken lang und leise
gebt noch zum Ende frohen Mut.
Ein Vogelzug grüßt auf der Reise.

Es ist der Liebe milde Zeit
im Kahn den blauen Fluss hinunter
wie schön sich Bild an Bildchen reiht,
das geht in Ruh und Schweigen unter.

Georg Trakl (1887-1914)

Jetzt ist Erntezeit

Wenn im Herbst Felder, Wälder und Wiesen mit den schönsten Farben aufwarten, naht die Erntezeit. Früher, als ein Großteil der Bevölkerung noch auf dem Lande lebte und man eine gute Ernte noch als ein Geschenk des Himmels pries, feierte man in der Erntezeit die sogenannten Erntefeste. Bereits der Auszug der Schnitter aufs Feld wurde von einem Segensspruch und manchmal gar von Trommeln oder Geigen begleitet. Die Strohhüte der Mädchen wurden mit

Blumen geschmückt, die Burschen trugen rote Halstücher. Nach erledigter Feldarbeit banden die Mädchen Erntekronen aus den Früchten des Herbstes, die der Erntezug dann heimtrug. Dann wurde in gemütlicher Runde gefeiert und der Erntereigen getanzt. –

Ein schöner Brauch, den man durchaus auch nach der Ernte im eigenen Garten mit einer kleinen Feier wieder aufleben lassen kann!

WIE EIN WEG IM HERBST.
KAUM IST ER REIN GEKEHRT,
BEDECKT ER SICH WIEDER
MIT DEN TROCKENEN BLÄTTERN.
Franz Kafka (1883-1924)

O´zapft is!

Es ist Wochenende und draußen wartet ein strahlender Oktobermorgen. Eigentlich ein wunderbarer Tag für einen Ausflug nach Bayern. Nach München auf das legendäre Oktoberfest, die „Wiesn", wie der Volksmund sagt.
Einmal das größte Volksfest der Welt besuchen, das seit 200 Jahren auf der Münchner Theresienwiese seinen festen Platz hat. Auch die Maß Bier darf dann nicht fehlen, dienten die Oktoberfeste doch ursprünglich dazu, das eingelagerte Märzenbier vor Beginn der neuen Brausaison aufzubrauchen.
Sitzt man dann in netter Runde in einem Bierzelt, erinnert man sich vielleicht daran, dass Kronprinz Ludwig das Fest einst im Stil des antiken Olympia ausrichten wollte oder dass im Oktober 1810 auf dieser Wiese ein großes Pferderennen stattfand.
Vielleicht genießt man aber auch nur sein knuspriges Hendl, den Trubel und die Heiterkeit um sich herum!

DER HERBST IST IMMER UNSERE BESTE ZEIT.

Johann Wolfgang von Goethe (1749-1832)

Laterne, Laterne …

Sobald die Tage kürzer werden, kann man sie wieder beobachten: die Laternenzüge, die uns mit ihrer magischen und geheimnisvollen Stimmung schon seit Kindertagen verzaubern. Vielleicht hat man eigene Kinder, vielleicht ein Patenkind, mit dem man aufs Neue die Laternenzüge besuchen kann – am besten mit einer gemeinsam gebastelten Laterne. Eine erste Gelegenheit bietet sich schon im September, am Gedenktag der heiligen Lucia, wenn man in vielen Städten die ersten Laternenfeste feiert. Dann wartet man wieder wie

in alten Zeiten gespannt auf die Dunkelheit, lässt sich von der Vorfreude der Kleinen anstecken, und reiht sich, wenn es endlich soweit ist, in den Laternenzug ein. Mit einigem Stolz trägt man die leuchtende Laterne und ruft sich die alten Lieder in Erinnerung. Doch auch wenn es womöglich mit den Texten ein bisschen hapert, genießt man den Klang der vertrauten Melodien, die einen wieder in die eigene Kindheit zurückversetzen. Schön, dass sich manche Dinge niemals ändern!

DER HERBST IST EIN ZWEITER FRÜHLING,
WO JEDES BLATT ZUR BLÜTE WIRD.

unbekannt

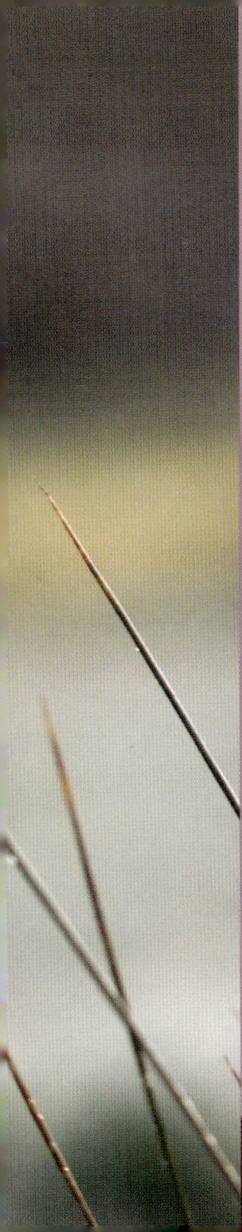

Im Herbst

Der schöne Sommer ging von hinnen,
der Herbst, der reiche, zog ins Land.
Nun weben all die guten Spinnen
so manches feine Festgewand.

Sie weben zu des Tages Feier
mit kunstgeübtem Hinterbein
ganz allerliebste Elfenschleier
als Schmuck für Wiese, Flur und Hain.

Ja, tausend Silberfäden geben
dem Winde sie zum leichten Spiel,
sie ziehen sanft dahin und schweben
ans unbewusst bestimmte Ziel.

Wilhelm Busch (1832-1908)

Tag- und Nachtgleiche

Der astronomische Herbst beginnt mit einem schönen Namen, mit der „Tagundnachtgleiche“. Zu diesem Zeitpunkt, am 22. oder 23. September, steht die Sonne genau senkrecht über dem Erdäquator. Tag und Nacht sind dann ungefähr gleich lang. In der Tagundnachtgleiche wandert die Sonne auf dem Himmeläquator

durch den Herbstpunkt – von Norden nach Süden – und läutet so auf der Nordhalbkugel den Herbst ein. Jetzt beginnt die Zeit, in der man bereits am frühen Abend ein paar Kerzen anzündet, es sich auf dem Sofa bequem macht und bei einer Tasse heißer Schokolade ein gutes Buch genießt.

ÜBER ROSEN LÄSST SICH DICHTEN,
IN DIE ÄPFEL MUSS MAN BEISSEN.

Carl Maria von Weber (1786-1826)

DIES IST EIN HERBSTTAG WIE ICH KEINEN SAH!
DIE LUFT IST STILL, ALS ATMETE MAN KAUM,
UND DENNOCH FALLEN RASCHELND FERN UND NAH,
DIE SCHÖNSTEN FRÜCHTE AB VON JEDEM BAUM.

Christian Friedrich Hebbel (1813-1863)

Herbstfest

Es ist Markttag. Gemütlich schlendert man an den Marktständen entlang und findet Kürbisse in jeder Größe, duftende Äpfel und selbstgemachtes Weingelee. Und während man sich an dem bunten Markttreiben freut, bekommt man vielleicht Lust, ein kleines Herbstfest mit Freunden zu feiern.
Rasch werden Kürbisse, Esskastanien, Zuckerrüben und ein Strauß bunter Herbstbumen ausgesucht und ein paar gute Freunde eingeladen.
Und während die Kürbissuppe auf dem Herd kocht, höhlt man eine große Zuckerrübe aus und schnitzt – wie in alten Zeiten – ein gruseliges Gesicht hinein. Mit einer Kerze versehen kommt der Rübengeist zum Empfang vor die Tür. Jetzt nur noch die Maroni in den Ofen – und die Gäste können kommen!

WER GLAUBT, ALLE FRÜCHTE WERDEN MIT DEN ERDBEEREN REIF, VERSTEHT NICHTS VON DEN TRAUBEN.

Paracelsus (1493-1541)

ES WIRD HERBST, DIE VÖGEL ZIEHEN FORT,
NICHT WEIL SIE SICH RAR MACHEN WOLLEN,
NEIN, NUR DAMIT DU IHRER NICHT ÜBER-
DRÜSSIG WÜRDEST.

DER WALD LEGT SEINEN SCHMUCK AB, NUR
UM IM NÄCHSTEN JAHR NEU ZU ENTSTEHEN,
DICH ZU ERFREUEN ...

ALL DAS SOLLTE NICHTS SEIN, WORÜBER DU
DICH FREUEN KANNST?

Søren Kierkegaard (1813-1855)

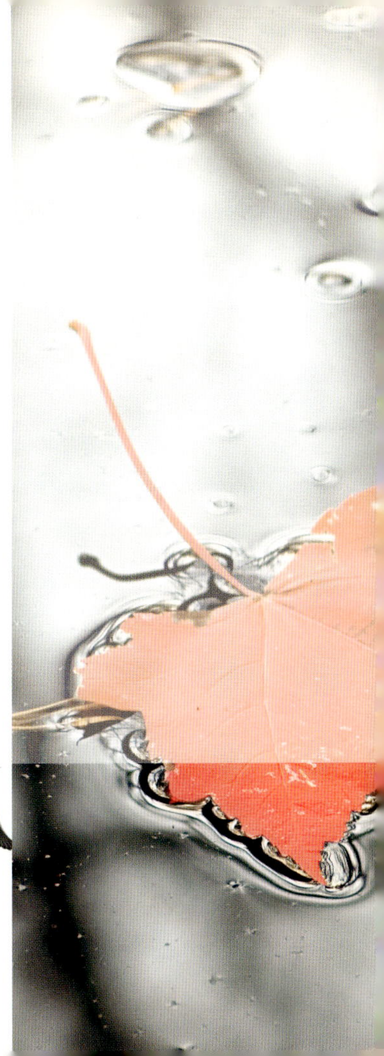

BILDNACHWEIS

Titelfoto: © iStock: Hintergrund: Moritz v. H.; unten rechts: Kati Molin; unten links: Tyler Stalman; Rückseite unten: Diane Diederich

S. 4/5: Kati Molin; S. 6: Jenny Swanson; S. 7: Sarah Page; S. 8: Ron Hohenhaus; S. 9: Jesse Karjalainen; S. 10: Moritz v.H.; S. 11: naphtalina; S. 12/13: Tyler Stalman; S. 14: natalia Bratislavsky; S. 15: james Richey; S. 16/17: Alban Egger; S. 17: Joerg Reimann; S. 18: Barbara Henry; S. 19 (oben): Bob Coyle; S. 19 (Mitte): rackermann; S. 19 (unten): rest; S. 20/21: Olga Solovei; S. 22: dustin steller; S. 23: ilbusca; S. 24: xyno; S. 24/25: Boro Rudikj; S. 26: Kirs Hetrick; S. 27: Diane Diederich; S. 28/29: Brandon Laufenberg; S. 30: Christopher Badzioch; S. 31: Jelani Memory; S. 32/33: Thomas Gwidzinski; S. 33: Martin Bowker; S. 24: Catherine Scott; S. 34/35: ingmar wesemann; S. 36: Bogdan Boev; S. 37: labsas; S. 38/39: Bojan Tezak; S. 40: Jill Chen; S. 40 (oben): blackie; S. 40 (Mitte): Jeffrey Smith; S. 40 (unten): Ewa Kubicka; S. 42: Josef Becker; S. 42/43: Sebastain Santa; S. 44: Anthony Ladd; S. 45: Elena Elisseeva.